IL METODO SIX SIGMA

INFORMAZIONI CHIAVE

- **Nomi:** Six Sigma, 6 Sigma, 6 σ

- **Utilizza:** un approccio qualitativo, quantitativo e strutturato alla gestione aziendale.

- **Perché ha successo?** È un approccio preciso per migliorare i processi aziendali chiave con un'affidabilità superiore al 99,99%. L'obiettivo è raggiungere una media di 3,4 difetti per un milione di opportunità di difetto (dove 3,8 sigma, ad esempio, corrisponde a 10000 difetti per milione).

- **Parole chiave:**

  - <u>Clienti</u>: tutti gli agenti interessati a un prodotto o servizio.

  - <u>Difetto</u>: imperfezione del prodotto

  - <u>DMAIC</u>: metodo manageriale con l'obiettivo di migliorare un prodotto o un servizio.

  - <u>Deviazione standard</u>: variazione o dispersione di una variabile rispetto a una soglia (la media).

  - <u>Project management</u>: approccio utilizzato all'interno di un'azienda per organizzare un progetto in diverse fasi.

- Informazioni: dati utilizzati per stabilire una visione completa di una determinata situazione, senza tralasciare i dettagli.

- Obiettivo strategico: equilibrio mirato, che comporta azioni che portano a beneficiare di una posizione di mercato favorevole

- Strumento statistico: metodo di analisi per un database, secondo un approccio numerico

- Prestazioni: risultato numerico

- Processo: diverse fasi di produzione

- Qualità: caratteristiche che definiscono un prodotto

- Sigma (σ): Lettera greca che rappresenta la deviazione standard in statistica.

INTRODUZIONE

Di fronte a un'offerta di prodotti che non soddisfa abbastanza o affatto i clienti o l'azienda, quest'ultima può decidere di riconsiderare il proprio flusso di lavoro (produzione, ecc.) per migliorarne concretamente la qualità. Il metodo Six Sigma consente di calibrare nuovi obiettivi e di ridurre la probabilità di variazione all'interno di un processo, una volta condotta un'analisi dettagliata per individuare i difetti che alterano la soddisfazione sia dei clienti e dei dipendenti, oltre che dell'azienda.

La storia

A metà degli anni '80, l'azienda statunitense Motorola dovette affrontare una notevole pressione da parte dei produttori asiatici, soprattutto giapponesi, perché il suo sistema di produzione, fondamentalmente diverso da quello asiatico, non sembrava più adatto alle realtà del mercato. Per tutti gli anni '70, le fabbriche giapponesi si erano concentrate maggiormente sulla durata e sull'affidabilità e quindi offrivano modelli più semplici rispetto a quelli delle fabbriche statunitensi che ponevano maggiore enfasi sugli elementi di qualità (design del modello, opzioni, ecc.). Le fabbriche statunitensi si affidavano quindi alle ispezioni per controllare i prodotti (un metodo inaffidabile e costoso).

Di fronte alla diminuzione dei profitti, i dirigenti di Motorola scelsero di cambiare filosofia e di combinare gli strumenti statistici con i principi di leadership per formare la base di un sistema di gestione completo: il Six Sigma. I risultati furono immediatamente visibili: la qualità dei prodotti migliorò all'istante. Il processo iniziò a diffondersi negli anni '90 e fu adottato da General Electric, che sperimentò rapidamente i benefici di questo metodo di gestione.

Oggi la maggior parte delle grandi aziende ha optato per questo sistema: Caterpillar, Kodak, SFR, ecc. Il Six Sigma è diventato uno standard di qualità in termini di pratica aziendale e viene insegnato in molte scuole di business in tutto il mondo.

Definizione del modello

Il Six Sigma è un approccio analitico basato su fatti statisticamente verificati con l'obiettivo di migliorare il funzionamento di un'azienda (produzione, amministrazione, ecc., a costi inferiori) e a garantire la qualità (affidabilità del 99,99%) di prodotti o servizi per i clienti. Questo metodo prende il nome da uno specifico strumento statistico: la deviazione standard, rappresentata dalla lettera greca σ. Infatti, il Six Sigma utilizza l'analisi dei processi per fornire un prodotto in un "gap di qualità" (cioè non più di 3 σ di distanza dalla media) atteso dal cliente e dall'azienda. Ciò permette all'azienda di limitare le variazioni e i difetti del processo.

TEORIA

Le aziende che utilizzano questo metodo di gestione della qualità per migliorare i propri prodotti si concentrano su tre priorità: clienti, dipendenti e processi. Dare priorità ai clienti significa poterli identificare, conoscere le loro aspettative e prevedere il valore aggiunto che l'azienda potrebbe fornire loro. Potrebbe sembrare ovvio, eppure molte aziende tendono a dimenticare che il profitto deriva dalla soddisfazione del cliente. Anche le altre due priorità devono essere al centro delle preoccupazioni dell'azienda, perché trascurarle potrebbe causare indirettamente il malcontento dei clienti: queste tre aree sono dunque interconnesse.

Il Six Sigma segue due metodologie. Il loro utilizzo dipende dal contesto in cui l'azienda vuole espandere la propria produzione: per estensione o per creazione di un prodotto.

DMAIC

Quando si implementa il Six Sigma per migliorare i risultati di un prodotto o servizio esistente, è necessario attenersi al seguente processo, chiamato "DMAIC":

- **Definire**. Definire i clienti, le aspettative, la carta del team con misure specifiche per organizzare la fase di sviluppo del progetto, il processo generale e i risultati finanziari.

- **Misurare**. Misurare e raccogliere i dati (difetti) del processo.

- **Analizzare**. Analizzare i dati raccolti e il processo per identificare i problemi legati alla situazione attuale.

- **Migliorare**. Innovare per identificare le soluzioni potenziali, quindi applicarle su scala ridotta per verificare se migliorano effettivamente le prestazioni del processo.

- **Controllo**. Controllare, dettagliare e attuare un piano per garantire che il miglioramento avvenga su scala più ampia.

DMADV

La metodologia DMAIC viene utilizzata per migliorare un prodotto o un servizio esistente. Un'altra metodologia viene utilizzata nel caso di sviluppo e progettazione di un nuovo prodotto o servizio: "DMADV" (Define, Measure, Analyse, Design and Verify).

La fase di progettazione del DMADV prevede la realizzazione del prodotto o la creazione del servizio. Il team assicura la conformità del prodotto.

CHE COS'È IL SIX SIGMA?

A livello tecnico, il Six Sigma si basa sulla teoria della variabilità, il che significa che tutto è statisticamente misurabile se confrontato con una scala continua (peso, altezza, tasso, ecc.) che segue una curva a campana. Questa, chiamata "curva gaussiana", è simmetrica e rappresenta praticamente il 100% di ciò che viene misurato. Può essere suddivisa in diversi segmenti – deviazioni standard contrassegnate dalla lettera greca σ (sigma) – che definiscono la variabilità, mentre l'asse rappresentato dalla lettera μ (mu) è la media a cui ogni processo si avvicina. Quanto più debole è questa variazione, tanto più la produzione è coerente con valori vicini all'obiettivo.

L'applicazione del metodo Six Sigma prevede la misurazione delle prestazioni attuali; per farlo è necessario determinare il sigma tra la media reale e la media μ, che indica la perfezione del prodotto o del servizio, e quindi indirettamente la soddisfazione media del cliente. Considerando questa insoddisfazione come un difetto, indicato da una distanza dal livello ottimale di soddisfazione, il metodo Six Sigma significa che ci saranno solo 3,4 difetti per un milione di opportunità. In questo contesto, l'azienda si concentra sulla qualità che soddisfa il cliente in modo da raggiungere la quasi perfezione: la parte superiore della curva μ. Statisticamente la varianza non può essere negativa. Il sigma negativo e quello positivo esprimono semplicemente la distanza tra il prodotto e la qualità media massima che soddisfa il cliente.

Il Six Sigma (attraverso una buona gestione dei processi) può essere quindi utilizzato per determinare quanto l'azienda sia vicina ai migliori livelli di performance.

Tuttavia, il Six Sigma non deve essere considerato uno strumento tecnico. Le aziende che scelgono di applicare questo metodo devono considerarlo come un'opportunità che permette loro di comprendere tutto ciò che è necessario fare per raggiungere la quasi perfezione e migliorare costantemente le prestazioni.

Naturalmente, una volta che un'azienda inizia a misurare il proprio sigma può scoraggiarsi rapidamente, soprattutto se si accorge che molte prestazioni si collocano in un intervallo derivante dall'ottimo (in un livello con un valore assoluto di 1 o 2 σ). Ma è necessario pensare a questo metodo come a una "politica di insoddisfazione permanente" rispetto ai risultati acquisiti. Infatti essa incoraggia tutti i dipendenti a ridurre costantemente le variazioni.

GIOCATORI DEL PROGETTO

Oltre alle procedure sopra descritte, non bisogna trascurare il contributo di altri strumenti utilizzati durante le varie fasi di implementazione del Six Sigma (brainstorming, diagrammi, ecc.) atte ad un miglioramento costante e la prosecuzione del processo. In particolare, diversi attori della società partecipano alle discussioni e lavorano all'elaborazione del metodo a monte.

In primo luogo, fin dall'inizio **il capo dell'azienda** deve essere coinvolto in un modo o nell'altro nell'adozione della filosofia Six Sigma e nella sua diffusione in tutta l'organizzazione. Il team responsabile dell'attuazione del processo di miglioramento non può avere successo senza il suo pieno sostegno. Le persone che lavorano ai progetti Six Sigma solitamente fanno parte delle aree più competenti dell'organizzazione. La gerarchia è composta come segue:

- **I campioni** sono i garanti del progetto. Aiutano le Cinture Nere a selezionare i progetti di miglioramento su cui lavorare, a stimarne il potenziale e a valutare i prodotti dell'azienda rispetto a quelli della concorrenza. Il ruolo dei Campioni è quello di assicurare la supervisione, il supporto e il finanziamento dei progetti Six Sigma, oltre a gestire il personale necessario alla loro realizzazione. Sono i pilastri del progetto e per questo vengono scelti tra le persone migliori.

- **Le Cinture Nere** sono i leader del progetto e le uniche persone che ci lavorano a tempo pieno. Non è raro che ricevano una formazione preliminare per definire meglio la loro missione e applicare direttamente le cinque fasi della metodologia DMAIC che porta al Six Sigma.

- **Le Cinture Verdi** assistono le Cinture Nere nel completamento del progetto. Ricevono inoltre una formazione che consente ai componenti del team di parlare la stessa lingua e quindi di lavorare per un obiettivo comune.

Il Six Sigma è il primo metodo di gestione che coinvolge tanto la parte superiore della piramide quanto quella inferiore. È un processo che apporta una certa dinamica all'azienda.

LIMITAZIONI ED ESTENSIONI

LIMITI E CRITICHE

Il Six Sigma spesso è visto come uno strumento di gestione rivoluzionario e potente, grazie alle performance registrate dalle molte aziende che lo hanno adottato. Tuttavia, come tutti i metodi presenta alcuni limiti, sia in termini di metodo che di terminologia. Inoltre, come accade per molti altri aspetti economici, esiste una differenza tra gli aspetti teorici e quelli pratici. L'economista americano George Eckes, specialista del Six Sigma, mette in evidenza i fallimenti spesso osservati durante l'applicazione del metodo e offre alcune raccomandazioni:

- **Considerare che il miglioramento della qualità non deriva solo dal miglioramento delle statistiche.** Il rigore e la disciplina possono essere un patrimonio importante, ma non coprono tutti i mezzi necessari per la corretta gestione e il miglioramento di un processo. Il metodo Six Sigma combina una serie di aree complementari e non trascura comunque l'aspetto umano, che è sia attore (i dipendenti dell'azienda) sia obiettivo (i clienti da soddisfare). Questo aspetto è spesso trascurato durante le applicazioni all'interno di un'azienda.

- **Rendersi conto che la riduzione dei costi è solo una fase del processo di miglioramento.** Il Six Sigma non consiste nel programmare la riduzione dei costi a fini strategici. Al contrario, questo metodo sostiene l'efficienza e l'efficacia, riorientando gli obiettivi aziendali sulle aspettative del cliente, piuttosto che un approccio contabile che calcola i costi noti e trascura l'impatto sul cliente.

- **Assicurarsi di includere il miglioramento nelle descrizioni delle mansioni.** Non sempre è facile riformare un processo aziendale per applicare il Six Sigma. I dipendenti o i lavoratori spesso ritengono di non avere il tempo per una tale rivalutazione e credono di dedicare già tempo sufficiente all'azienda. Ma questo "surplus" di tempo dedicato al lavoro per l'azienda è spesso dovuto a inefficacia e inefficienza. Ciò non deriva necessariamente dalla riluttanza del lavoratore, ma piuttosto dal processo stesso.

- **Ricordarsi che le dinamiche del team sono una delle principali cause di fallimento dei progetti.** Anche se sembra facile gestire le dinamiche del team, questa è una delle principali fonti di fallimento. È quindi importante costruire una base solida. Per farlo, il project manager deve spiegare chiaramente i dettagli del progetto. La supervisione delle riunioni, la definizione dell'ordine del giorno e la determinazione dei rispettivi ruoli e responsabilità sono punti di partenza per garantire che il progetto non inizi su un terreno traballante.

- **Considerare che le Cinture Nere non sono completamente responsabili degli sforzi.** Le Cinture Nere sono destinate a essere leader del team. Come spiegato in precedenza, di solito si tratta di persone addestrate all'uso di strumenti e tecniche di miglioramento, quasi come dei leader operativi. Il pericolo risiede nel fatto che tutti (compresi i leader dell'azienda) si separano dalle responsabilità del progetto, poiché immaginano che siano gli esperti nazionali a lanciare il Six Sigma. Tuttavia, il buon funzionamento di un'azienda deriva dal lavoro di squadra e tutte le posizioni gerarchiche sono coinvolte.

- **Considerare il metodo Six Sigma come un miglioramento nella continuità.** Uno dei principi del metodo è lavorare in continuità e garantire costantemente un processo di qualità, non formare un team incaricato del Six Sigma non appena si presenta un problema di inefficienza o inefficacia in azienda.

- **Pensare al management come a un attore attivo.** Affinché il metodo Six Sigma funzioni, i leader dell'azienda devono sporcarsi le mani e considerarsi partecipi del lavoro dell'azienda. L'alta dirigenza è consapevole che il fenomeno culturale è un elemento importante nella gestione aziendale. Uno dei punti di forza del Six Sigma è che incoraggia un atteggiamento proattivo a tutti i livelli gerarchici.

- **Essere consapevoli dei cambiamenti nella gestione aziendale.** Se i cambiamenti a livello strategico non sono ben gestiti dall'azienda, i risultati potenziali rimarranno bassi.

MODELLI ED ESTENSIONI CORRELATE

Lean Six Sigma (LSS)

Il Lean Six Sigma (LSS) è un'estensione del Six Sigma che sta prendendo sempre più importanza. Si concentra maggiormente sul processo di produzione, mentre il Six Sigma principalmente sul prodotto stesso. Questo modello correlato permette di ridurre i tempi di lavoro e i periodi di attesa necessari per la creazione di un processo più efficace.

Gli obiettivi strategici di questo modello sono:

- aumentare il valore aggiunto delle attività di processo;

- ridurre i tempi e i costi del processo eliminando le attività senza valore aggiunto;

- rendendo i processi più fluidi;

- migliorare la qualità dei prodotti in base alle esigenze dei clienti;

- incoraggiare lo sviluppo di una cultura del miglioramento continuo all'interno dell'azienda.

Le principali aree di intervento sono:

- definire il valore e identificare le fasi che lo creano;

- identificare ed eliminare sprechi e costi nascosti;

- controllare le fonti di variazione seguendo le fasi del processo.

Gestione della qualità totale (TQM)

Il Total Quality Management è un approccio alla gestione della qualità precedente al Six Sigma. Il loro obiettivo comune è quello di mobilitare l'intera azienda per ottenere una qualità perfetta, riducendo gli sprechi e migliorando il prodotto finale attraverso le prestazioni. Il TQM si concentra sul cliente – soddisfazione e fedeltà – anche se in questo caso la pratica del controllo di qualità e dell'autocontrollo è essenziale.

La metodologia del modello è la seguente:

- **Pianificare.** Sviluppo di obiettivi strategici e piani di miglioramento del calendario.

- **Fare.** Implementazione e applicazione di processi produttivi migliorati.

- **Controllare.** Analisi della soddisfazione e controllo della qualità del prodotto.

- **Attuare.** Correzione dei costi e degli sprechi e controllo delle fasi di produzione.

Secondo il project management statunitense Frank Anbari, il metodo Six Sigma è più completo ed esaustivo di TQM perché fornisce risultati finanziari e combina strumenti di analisi avanzati e metodi manageriali. Riassume inoltre la relazione tra le due metodologie: Six Sigma = TQM + attenzione al cliente + strumenti complementari di analisi dei dati + risultati finanziari + gestione del progetto.

APPLICAZIONE PRATICA

CONSIGLI E SUGGERIMENTI

Applicheremo ora la metodologia DMAIC descritta in precedenza per visualizzarne praticamente i contributi all'interno di un'azienda. Per avviare una trasformazione strategica come il Six Sigma, un'azienda deve integrare in modo efficace le cinque fasi seguenti come linea guida.

- **Definire l'obiettivo da raggiungere per il miglioramento.** Questa fase consente di guidare il team in modo che tutti i membri vadano nella stessa direzione. Inoltre supporta l'analisi dei collegamenti tra le diverse fasi del processo e, quindi, il lavoro di miglioramento del prodotto, l'identificazione delle esigenze del cliente e la stima dei risultati attesi. È importante definire il progetto in modo oggettivo, quantificandolo con un database. La fase di raccolta dei dati è un passaggio cruciale perché serve come base di lavoro per l'intero progetto.

- **Misurare la media di produzione attuale.** È fondamentale misurare ciò che il processo è in grado di produrre e valutare il numero di difetti. In questo modo, le Cinture Nere conoscono la frequenza dei difetti e fanno confronti con la concorrenza. È importante concentrarsi sugli elementi chiave del processo, ossia quelli che hanno una maggiore influenza sulla qualità. Questa fase permette di misurare il sigma, la deviazione standard del processo, utile per vedere la differenza tra la media attuale e l'obiettivo, la media perfetta da raggiungere.

- **Analizzare ulteriormente per identificare le cause del divario.** I dati ottenuti vengono analizzati per valutare le prestazioni dei processi in relazione alle loro capacità e a ciò che fanno i concorrenti. Lo scopo di questa fase è calcolare i gap di performance (cioè le differenze tra ciò che si fa attualmente e ciò che si potrà fare in futuro). Occorre quindi analizzare le misurazioni ottenute, cercare le cause profonde, convalidarle, ecc.

- **Innovare per colmare la deviazione standard e spostare la media.** In questa fase si devono proporre potenziali soluzioni per colmare le lacune presenti nel processo e rispondere maggiormente alle aspettative di performance dei clienti.

- **Controllare delle nuove prestazioni in termini di qualità.** Durante quest'ultima fase, è necessario effettuare i controlli finali per mantenere il livello di qualità raggiunto e garantire un processo di sviluppo efficiente e continuo. A tal fine, le Cinture Nere attuano alcune azioni per mantenere gli elementi chiave appena installati nel flusso di lavoro. Devono inoltre verificare che i team seguano bene il processo, misurino i risultati e convalidino il funzionamento del piano. Se si presenta un nuovo problema, le Cinture Nere e i loro team devono essere in grado di reagire e rielaborare immediatamente il processo.

Per riassumere tutte queste fasi, è necessario definire il progetto, misurare le prestazioni attuali, identificare i problemi attraverso l'analisi, innovare con soluzioni pertinenti e controllare il processo riconfigurato per garantire che il problema sia veramente risolto.

BUONO A SAPERSI

Secondo l'economista americano George Eckes, per eseguire correttamente la trasformazione strategica della qualità e gestire efficacemente il processo, è utile considerare otto fasi pratiche:

definire in modo collaborativo un accordo sugli obiettivi strategici;

creare processi generali, sottoprocessi chiave e processi di implementazione;

nominare le Cinture Nere dei processi;

stabilire una strategia in cui i diversi team definiscano le fasi e gli obiettivi del processo;

raccogliere i dati necessari per la scorecard scelta;

definire i criteri di selezione del progetto;

selezionare i progetti in base a questi criteri;

gestire costantemente il processo per raggiungere gli obiettivi strategici dell'azienda.

CASO DI STUDIO

Il progetto dell'azienda X prevede il miglioramento di uno strumento di supporto alle decisioni (database) per i venditori, in modo che possano effettuare stime di vendita previsionali.

Definizione del progetto e attori del progetto

Questo progetto viene realizzato perché molti venditori sono insoddisfatti di questo database, considerato inaffidabile a causa della mancanza di aggiornamenti. Lo strumento non consente loro di prevedere correttamente le vendite. Vengono condotte numerose interviste e studi per definire il progetto e gli attori principali:

- La priorità viene data all'identificazione del problema e dei processi necessari per il miglioramento dello strumento di supporto alle decisioni. Nel nostro caso, si tratta di trovare un modo affidabile di prevedere le poste finanziarie future.

- Uno strumento chiamato "analisi delle parti interessate" (tratto dal modulo di formazione dell'UE sulla collaborazione tecnica e l'advocacy) permette di stabilire un modello, posizionando i diversi attori e/o dipartimenti: dipartimento finanziario, dipartimento commerciale e dipartimento informatico. Il modello, rappresentato da una griglia, organizza gli stakeholder in base ai loro interessi e al loro potere (da basso ad alto) e ne definisce l'atteggiamento, l'influenza e l'importanza rispetto all'obiettivo.

Inoltre, affinché il progetto sia portato a termine con successo, l'azienda deve anche convincere alcuni reparti – tra cui quello informatico – che sono riluttanti ad effettuare un passo che ritengono inutile.

Misurazione e analisi della capacità del processo

Prima di definire un nuovo processo, il team deve assumersi la responsabilità del database ed elencare le informazioni e le fasi disponibili, per poi analizzare il potenziale valore aggiunto dello strumento ideale. In altre parole, è necessaria un'analisi in base ai prodotti, alla linea di prodotti, alla data di vendita, ecc. per identificare le lacune e migliorare la qualità dei dati.

Dobbiamo quindi trovare informazioni interne (vendite, inventario, qualità dei prodotti, ecc.) che costituiscano una parte sufficientemente rappresentativa del processo di miglioramento, per ottenere una performance superiore in termini di qualità dei dati. Il team che lavora al progetto estrae 100 lotti di dati per analizzarli e verificare con i team di vendita quali siano indiscutibilmente affidabili.

In questo modo si determina un campione corrispondente a una parte rappresentativa della popolazione totale del Paese in cui si trova l'azienda, al fine di osservare le realtà sul campo. Quindi, per diversi giorni le Cinture Nere lavorano con i team di vendita per verificare manualmente i dati e confrontarli con le fatture. I risultati non sono immediati: tra le fatture possono essercene alcune mancanti, duplicate o errate.

Il team è quindi responsabile della determinazione delle prestazioni attuali e di quelle da raggiungere attraverso nuove misure da implementare tramite il sistema Six Sigma. In particolare, si mira a una correzione di 1,5 sigma, passando da 4,5 a 6 sigma.

Si può notare come il passaggio da 4,5 a 6 sigma provoca un calo significativo del tasso di difettosità, fino a raggiungere un tasso di affidabilità del 99,99% (cioè il famoso tasso di difettosità di 3,4 difetti per milione, espresso in volume qui sotto).

Dopo aver studiato i dati, gli esperti individuano il principale difetto che incide sulla qualità dei dati, ovvero la gestione impropria dello strumento da parte dei venditori. Ciò è dovuto a vari fattori:

- troppe persone possono codificare le informazioni, ma non viene stabilita alcuna responsabilità;

- molti osservano una mancanza di interesse e dati non informati.

Il database, data la sua relativa complessità, risente dei vari cambiamenti e dell'uso impreciso da parte di persone non addestrate a questo tipo di strumento. Sono state quindi misurate le opportunità o le fonti di errore:

- informazioni inserite da persone incompetenti;

- dati codificati in modo errato.

Raccomandazioni

Ecco le soluzioni proposte:

- stabilire sessioni di accesso al database e identificare le persone che possono beneficiarne;
- rendere obbligatori alcuni campi per le persone coinvolte.

Per applicare queste raccomandazioni, è necessario un riorientamento dei team: solo il team dei venditori ha accesso al database, mentre il team IT è responsabile della definizione dei campi richiesti dagli utenti (venditori). Il team IT implementa rapidamente gli strumenti necessari, mentre il team di vendita è più reticente. Il responsabile del team IT prevede poi uno schema di incentivi equivalente a un test (su un periodo di due mesi) che identificherà il miglior venditore (quello la cui qualità della data codificata è migliore) e lo ricompenserà con un premio.

Monitoraggio del nuovo processo

Dopo questo test, vengono adottate misure per verificare l'affidabilità di questo nuovo metodo di codifica dei dati. Tra queste, vi sono molti strumenti statistici (come la media e la deviazione standard). Quest'ultima parte molto importante viene spesso trascurata per mancanza di tempo, il che mina diversi progetti inizialmente ben eseguiti.

SINTESI

- Il Six Sigma è un approccio statistico per le aziende. Mette i clienti al centro dell'attenzione per attirarli con una migliore qualità dei prodotti.

- Le priorità sono tre: clienti, dipendenti e processi.

- Da trent'anni, aziende come Motorola, General Electric, Kodak e SFR utilizzano il Six Sigma per migliorare e ottenere o mantenere un vantaggio competitivo.

- Quando l'obiettivo Six Sigma viene raggiunto, cosa che in pratica non accade, si ottiene un punteggio di affidabilità quasi perfetto: 3,4 difetti per un milione di opportunità di difetto (cioè un'affidabilità del 99,99%).

- La filosofia Six Sigma incoraggia una continua rivalutazione che si protrae nel tempo (ricerca incessante della perfezione).

- Affinché l'implementazione del metodo abbia successo, è necessaria la partecipazione di tutta l'azienda.

- Il metodo Six Sigma può fallire se si considerano solo gli aspetti tecnici (riduzione dei costi, ecc.).

- Se il cambiamento non è ben gestito in azienda, i risultati possibili restano bassi.

- Il Lean Six Sigma è un'estensione del metodo che si concentra maggiormente sul processo di produzione.

- Per garantire il successo dell'approccio è importante seguire attentamente le fasi della metodologia DMAIC.

ULTERIORI LETTURE

BIBLIOGRAFIA

Ait Belkacem, E. H. (2005) *Puissance Six Sigma*. Parigi: Dunod.

Atmaca, E. e Gineres, S. S. (2013) Metodologia e applicazione di Lean Six Sigma. *Qualità e quantità*. 47(4).

Berger, A. (2002) Six Sigma: un livello in più di produttività? *Dossier tecnico dei Paesi della Savoia.*

Eckes, G. (2001) *Objectif Six Sigma. La rivoluzione nella qualità.* Parigi: Pearson.

Kwak, Y. H. e Anbari, F. T. (2006) Benefici, ostacoli e futuro dell'approccio Six Sigma. *Technovation.* 6(5-6).

Larson, A. (2003) *Demistificare Six Sigma: Un approccio aziendale al miglioramento continuo.* Amacon: American Management Association.

Linderman, K., Schroeder, R. G., Zaher, S. e Choo, A. S. (2003) Six Sigma: una prospettiva teorica degli obiettivi. *Journal of Operation Management.* 21(2).

Pande, P. S., Neuman, R. P. e Cavanagh, R. R. (2000) *Il metodo Six Sigma. Come GE, MOTOROLA e altre aziende di alto livello stanno perfezionando le loro prestazioni.* New York: McGraw-Hill Companies.

Truscott, W. T. (2003) *Six Sigma: Miglioramento continuo per le imprese.* Oxford: Butterworth Heinemann.

Vogliamo sapere la tua opinione!
Lascia un commento sulla tua biblioteca online
e condividi i tuoi libri preferiti sui social media!

MASLOW'S
HIERARCHY
OF NEEDS

Gain vital insights into
how to motivate people

Personal
accomplishment
Esteem
Belonging
Security
Physiologic

THE SWOT
ANALYSIS

Internal factors

Strengths | Weaknesses
SWOT
Opportunities | Threats

External factors

L'editore garantisce l'affidabilità delle informazioni pubblicate,
che non possono tuttavia impegnare la sua responsabilità.

Master ISBN: 9782808064835
ISBN cartaceo: 9782808065122
Deposito legale: D/2022/12603/99

Design digitale: Primento,
il partner digitale degli editori.